Speed
Guitar Hanon

for the mechanical speed guitar training

기타리스트를 위한 피킹 & 핑거링 트레이닝

속주기타 하농

우라타 야스히로 지음   호소야 토모카즈 연주

CONTENTS

PART-3 속주 태핑 하농

PART-4 속주 스케일 하농

머리말

이 책은 피아노의 핑거링 연습을 위한 레슨 교재 중의 정석이라 할 수 있는

'하농'을 기타에 응용한 교본으로 주로 하드록/헤비메탈 계열 장르의 기타 스타일에 있어서

중요한 위치를 차지하는 '속주'의 노하우를 단련하기 위한 트레이닝 교재입니다.

피킹, 핑거링, 태핑, 스케일 이란 각 항목의 내용에 따른 연습으로,

기본적인 핑거링의 능력을 향상시키는 동시에 실제 기타리스트의 플레이를

근거로 작성한 프레이즈를 연습함으로써 즉전력이 되는 프레이징 노하우를 기를 수 있습니다.

이 책과 CD로 연습해서 속주 핑거링을 자신의 것으로 만드시기 바랍니다.

저자 : 우라타 야스히로 / 연주 : 호소야 토모카즈

이 책과 CD의 사용법

트레이닝을 시작하기 전에, 연습을 효과적으로 진행하기 위한 힌트를 드리겠습니다.
모범연주를 수록한 CD를 병행해서 활용하면서 효율적으로 실력향상 할 수 있도록 연습에 정진합시다.

결과에 초조해 하지 않는다 / 무리를 하지 않는다

속주를 마스터하기에는 매일 빠짐없이 연습을 하는 것이 꼭 필요합니다. 그러나 연습의 성과는 금방 나타나지 않습니다. 결과가 나오지 않는다고 포기하지 말고, 끈기있게 계속 연습을 하기 바랍니다.
또, 무리한 연습을 장시간 계속하게 되면, 손을 다칠 수도 있기 때문에 주의하기 바랍니다. 하나의 과제를 어느 정도 연습을 하다가 팔이나 손가락이 피로해지면 다른 테마를 연습하거나 잠시 쉬거나 해서 특정 부위에 과도한 부담이 가지 않도록 주의합시다.

연습 템포에 관하여

각 EX의 첫부분에 '♩=100~140'이라고 적혀있는 연습 템포는 우선 '♩=100' 정도(또는 여유를 가지고 연주할 수 있는 템포)로 시작해서 '♩=140'에서도 정확하게 연주할 수 있도록 연습합시다. 반드시 메트로놈을 사용해서 일정한 템포에서 연주할 수 있도록 연습합시다.

부속 CD의 사용법

부속CD에는 EX의 모범 연주가 수록되어 있습니다. 악보만으로는 알기 어려운 음을 외우거나 프레이즈의 뉘앙스를 확인하는 등의 연습의 가이드로서 도움을 줄 것입니다.

PART-1 속주 피킹 하농

PART-1에서는 이 페이지에서 소개하고 있는 바와 같이 피킹 테크닉을 활용한 속주 프레이즈를 연습하겠습니다. 각각 기본적인 테크닉의 특징을 확인하면서 연습을 하기 바랍니다.

피킹 테크닉 리퍼런스

■얼터네이트 피킹

([ㄇ]=다운 피킹/ [V]=업 피킹)

다운과 업 피킹을 같은 간격으로 교대로 반복하는 연주법이다. 다운, 업의 순서로 연주하는 것이 원칙이지만, 특히 리드 플레이의 경우에는 순서가 반대로 되는 경우가 적지 않다.

■아웃사이드 피킹

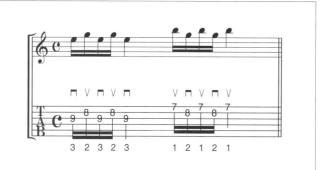

줄 이동 전후에 줄을 바깥 쪽(위 아래)에서 안쪽으로 몰아넣듯이 피킹하는 연주법이다. 이와 반대되는 인사이드 피킹보다도 줄 이동을 하기 쉬운 것이 특징이다.

■스트링 스키핑

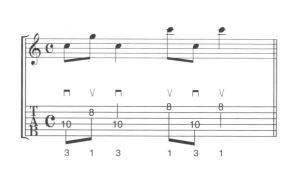

떨어져 있는 줄을 연속 피킹하는 것. 아웃사이드 피킹으로 연주하는 경우가 많다.

■트레몰로 피킹

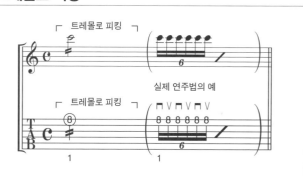

스피디한 얼터네이트 피킹을 연속해서 소리를 유지하는 연주법이다. 템포와 상관없이 어느정도 이상의 스피드로 다운, 업 피킹을 반복한다.

■이코노미 피킹

한 번의 피킹 동작으로 인접한 2줄을 연속적으로 연주하는 방법이다. 얼터네이트 피킹보다 빠른 줄이동이 가능해진다. 피킹 스피드를 조절해서 리듬에 타는 것이 과제이다.

■스위프 피킹

이코노미 피킹과 거의 같은 연주이지만 3줄 이상의 줄을 연속적으로 연주하는 경우를 스위프라고 부르는 경우가 많다.

5

16분 음표 얼터네이트 피킹 하농

C메이저 스케일의 4음 단위 패턴을 16분 리듬으로 상행하는 트레이닝 프레이즈입니다. 줄 이동을 할 때의 피크의 움직임(아웃사이드 또는 인사이드)에 주의하면서 정확한 리듬으로 연주할 수 있도록 연습합시다.

CD 01

♩=120~160

여섯잇단음 얼터네이트 피킹 하농

EX-1과 거의 같은 포지션의 C메이저 스케일의 음을 여섯잇단음의 리듬에 얹은 3음 단위의 패턴으로 순차적 하강을 하는 연습 패턴입니다. 피킹 동작을 가능한 한 최소화시켜서 스피드 업을 노립시다.

CD 02

♩=80~120

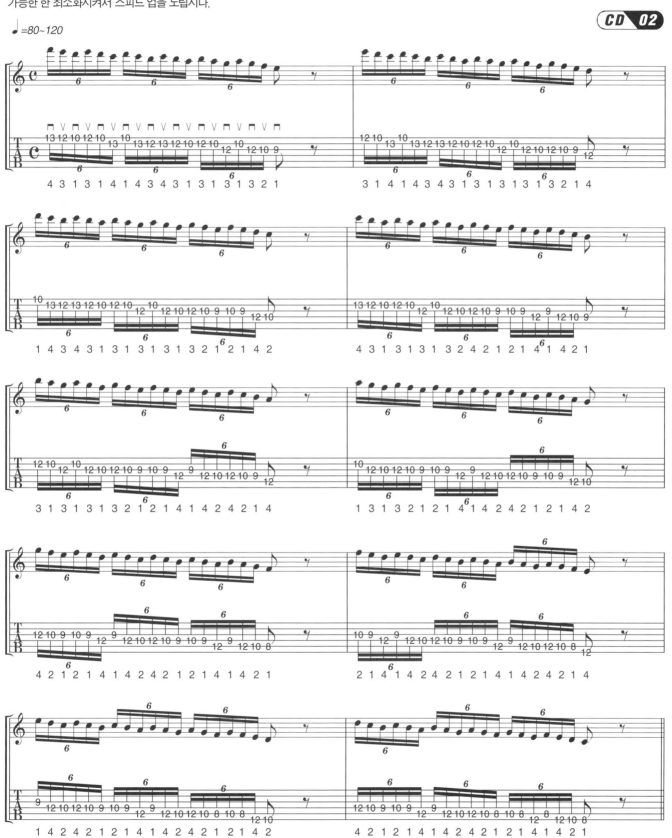

EX-3 스트링 스키핑 하농

C메이저 스케일의 2개의 포지션에서 행하는 스트링 스키핑 연습입니다. 아웃사이드 피킹의 이점을 살려서 정확한 줄 이동을 하도록 합시다. 업 피킹으로 연주를 시작하고 후반의 피킹 순서에도 주목하기 바랍니다.

♩=160~200

CD 03

8

트레몰로 피킹 하농

피킹 리듬은 지정하지 않았습니다만, 여섯잇단음 정도의 스피드를 목표로 연습합시다. 오른손은 브릿지에서 살짝 띄운 자세로 손목을 위아래로 폭 좁게 흔들듯이 줄을 치는 것이 스피디한 피킹의 요령이 됩니다.

♩=120~160

이코노미 피킹 하농

1번의 피킹 동작으로 2줄을 연속해서 연주하는 다운 이코노미 피킹을 이용한 코드 분해 프레이즈의 연습입니다. 피크를 다운하는 스피드를 조절하여 16분 리듬에 맞추도록 합시다. 음형이 변하는 후반 패턴도 마스터해둡시다.

CD 05

♩=100~140

EX-6 3줄 스위프 피킹 하농

잉베이 맘스틴으로 대표되는 네오 클래시컬 계열의 스타일의 프레이징에 빠질 수 없는 코드 분해 프레이즈입니다. '3번 줄-2번 줄-1번 줄'로 1번의 피킹 동작으로 3 줄을 연속해서 피킹하는 연주법을 마스터합시다.

CD 06

♩=180~240

EX-7 | 4줄 스위프 피킹 하농

4번 줄에서 1번 줄까지를 다운 스위프 피킹으로 연주하는 트레이닝입니다. 3줄 패턴보다 리듬을 유지하기가 어려워지기 때문에 템포에 맞춰서 연주할 수 있도록 반복해서 연습합시다. 2박자 째 이후의 업 스위프도 연습과제입니다.

♩=120~160

CD 07

EX-8 5줄 스위프 피킹 하농

1박을 5등분하는 길이의 리듬을 기억합시다. EX-7과 마찬가지로 반복연습을 통해서 피킹의 타이밍을 파악하기 바랍니다. 7·9소절 째에서의 3번 줄의 해머링을 첨가한 여섯잇단음의 패턴에도 주의합시다.

CD 08

♩=80~120

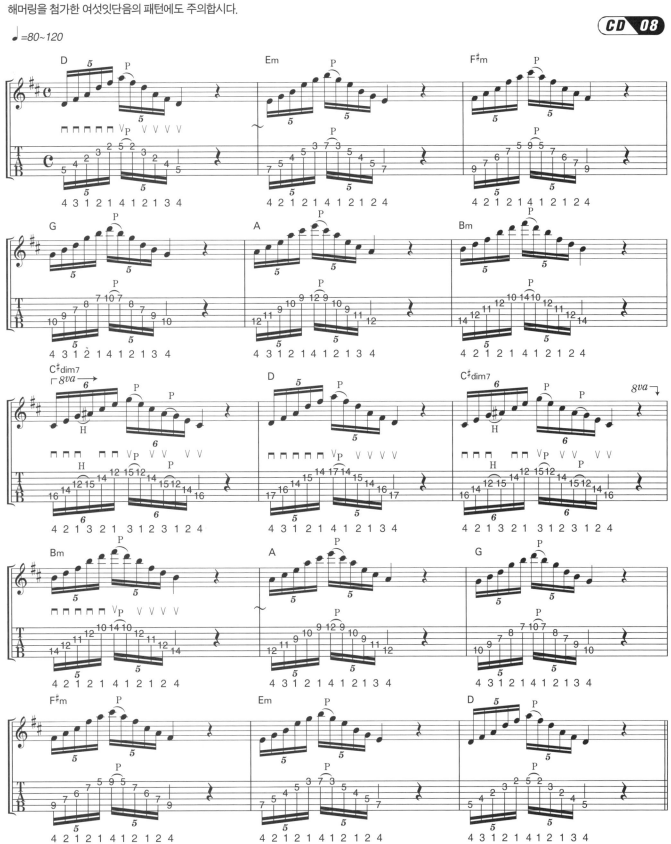

EX-9 6줄 스위프 피킹 하농

6줄 전부를 사용하는 폭 넓은 코드 분해 패턴의 트레이닝입니다. 업 피킹부터 시작하는 곳과 4줄을 연속피킹으로 연주하는 곳이 포인트입니다. 왼손 핑거링 포지션도 제대로 외웁시다.

CD 09

14

잭 와일드 스타일의 얼터네이트 프레이즈

마지막 2소절 이외에는 C메이저 펜타토닉 스케일의 음을 6음 단위 패턴으로 반복하는 트레이닝 프레이즈입니다. 줄 이동을 포함한 피킹의 정확함이 과제입니다. 13소절 째는 2박자 단위로 리듬을 파악하면 타이밍을 알기 쉬울 것입니다.

CD 10

♩=80~120

EX-11 임펠리테리 스타일의 스키핑 프레이즈

1~2소절 째의 모티브를 원형으로 2·4박자 째의 첫 음이 줄 이동하는 패턴입니다. 5~6소절 째와 같이 1~4번 줄 사이의 이동을 정확하게 할 수 있도록 연습합시다. 왼손의 핑거링은 악보의 지정대로 하지 않아도 괜찮습니다. 누르기 쉬운 방법으로 플레이하기 바랍니다.

♩=120~160

CD 11

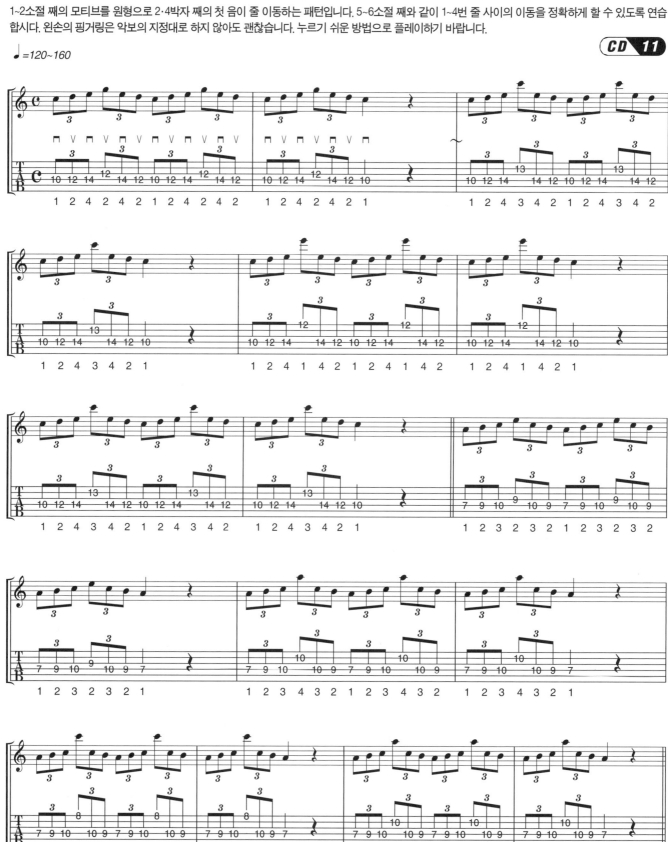

EX-12 잉베이 맘스틴 스타일의 스위프 프레이즈

16소절 째까지는 EX-6에서 연습한 3줄 스위프 피킹을 역행하는 패턴입니다. 각 소절 2·4박자 째의 다운 스위프 피킹의 리듬에 주의하면서 연주합시다. 17소절 째에서의 1~5번 줄 사이의 왕복을 정확하게 연주하는 것이 중요합니다.

CD 12

프랭크 갬베일 스타일의 이코노미 피킹의 기본 패턴

'스피드 피킹'이라 불리는 이코노미 피킹을 이용한 스케일 상하행 패턴입니다. 1소절 째와 같은 상행 시에는 다운, 3소절 째처럼 하행 시에는 업 피킹으로 줄 이동을 합니다. 특히 후자의 연주법을 마스터해두기 바랍니다.

CD 13

♩=120~160

EX-14 에릭 존슨 스타일의 이코노미 피킹 프레이즈

A마이너 펜타토닉 스케일의 음을 5음 단위로 하강하는 프레이즈입니다. 줄 이동을 할 때의 다운 이코노미 피킹 방법을 익힙시다. 피킹 스피드의 조절로 정확한 다섯잇단음의 리듬을 연속하는 것이 중요합니다.

CD 14

♩=80~120

PART-2 속주 핑거링 하농

PART-2에서는 이 페이지에서 소개하고 있는 것 처럼 왼손의 핑거링 테크닉을 다용한 속주 테크닉을 트레이닝 합시다. 하나하나의 테크닉의 기본이 익숙해졌는지 확인하면서 스피드 업을 목표로 합시다.

핑거링 테크닉 리퍼런스

■해머링

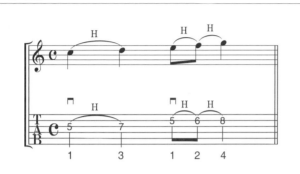

왼손가락으로 줄을 때리듯이 눌러서 높은 음정을 울리는 테크닉이다. 단독으로 사용하기도 하지만 2회이상 연속해서 사용하는 경우도 있다.

■풀링

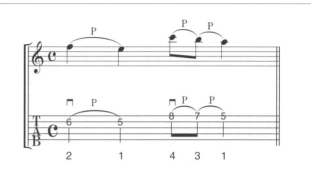

줄을 누른 손가락을 1번 줄 방향으로 튕기듯 떼면서 낮은 음정을 울리는 테크닉이다. 해머링과 마찬가지로 연속해서 사용하는 경우도 적지 않다.

■트릴

해머링과 풀링을 교대로 반복하면서 음을 유지시키는 연주법이다. 리듬에 맞춰서 연주하는 트릴과 자유롭게 연주하는 경우가 있다.

■슬라이드

줄을 누른 손가락을 다른 프렛으로 옮기듯이 음정을 변화시키는 테크닉이다. 음정을 높이는 것을 슬라이드 업, 음정을 낮추는 것을 슬라이드 다운이라고 한다.

■글리산도

슬라이드와 비슷한 주법으로 연주의 시작이나 끝의 음정을 확실히 끝맺지 않는 것이다. 음정을 높이는 것을 글리스 업, 낮추는 것을 글리스 다운이라고 한다.

■스트레치 핑거링

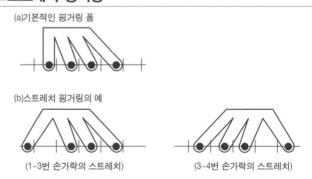

1번 손가락부터 4번 손가락까지의 간격이 4프렛분 이상에 이르는 폼을 '스트레치 핑거링' 또는 '핑거 스트래치'라고 부른다. 줄 이동의 불필요한 동작이 적고 속주에 적합하다.

EX-15 해머링과 풀링 하농

12소절 째 까지 E마이너, 13소절 째부터는 A마이너 펜타토닉 스케일의 음을 해머링과 풀링으로 연결한 트레이닝 패턴입니다. 피킹과 핑거링의 타이밍을 정확히 맞춰서 연주할 수 있도록 연습합시다.

♩=140~180

CD 15

EX-16 연속 해머링 하농

C메이저(A내추럴 마이너) 스케일의 음을 연속 해머링으로 연결한 실용성이 높은 패턴 연습입니다. 3소절 1박자 째의 6번 줄, 5소절 째 전반의 4~6번 줄 등, 스트레치 핑거링 부분에서 손가락의 간격을 충분히 벌리도록 합시다.

♩=80~120

CD 16

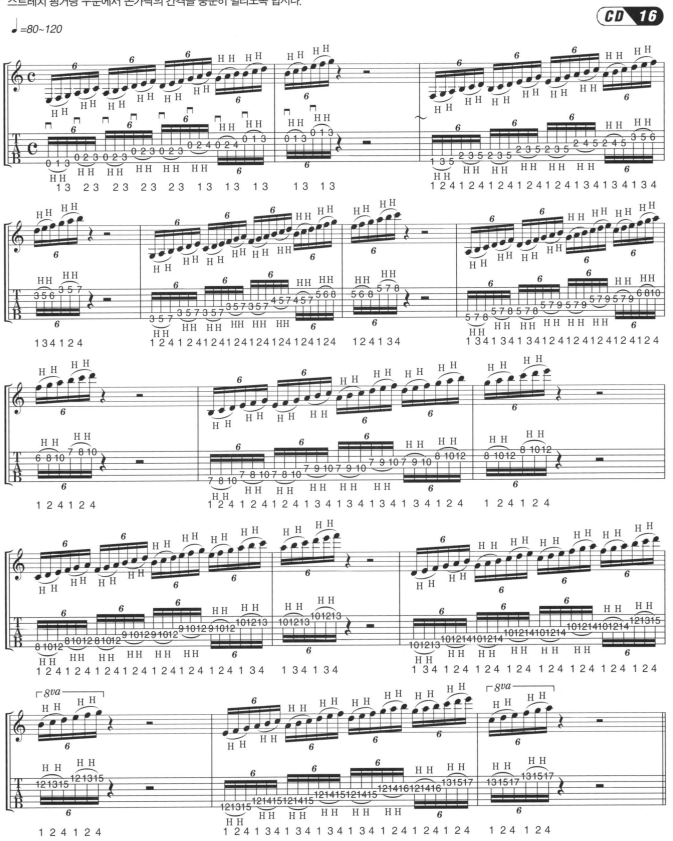

EX-17 연속 풀링 하농

EX-16과는 반대 패턴인 연속 풀링의 트레이닝 패턴입니다. 빠른 템포에서도 1음씩 정확한 음을 낼 수 있도록 풀링 동작을 의식하면서 연주합시다. 너트 부근의 포지션에서의 스트레치 핑거링에도 주의합시다.

CD 17

♩=80~120

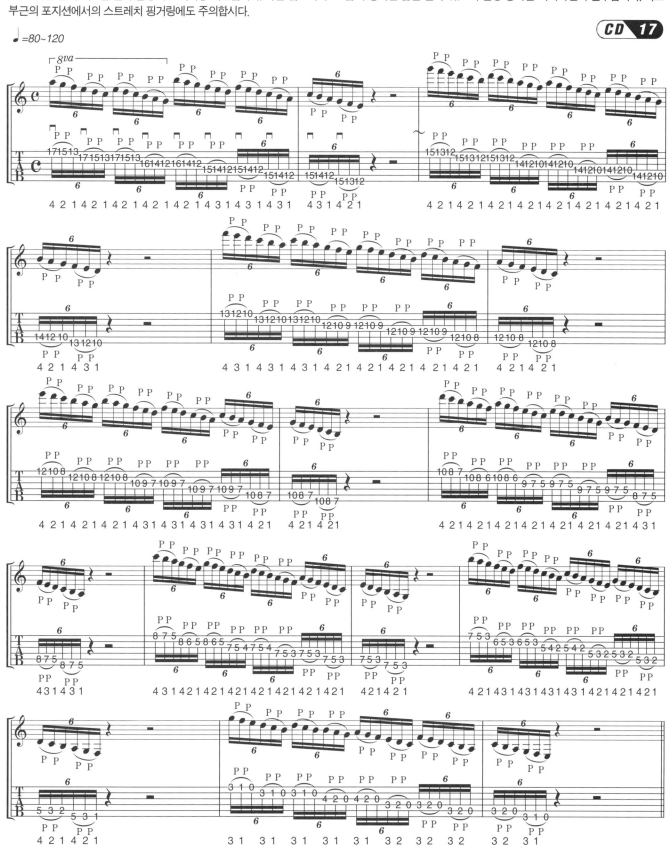

EX-18 해머링과 풀링의 연속 하농

C메이저 스케일에서 해머링과 풀링을 연속적으로 반복하는 연습 패턴입니다. 각 소절 모두 3박자 째까지 1번 손가락은 줄을 누른 채로 연주합시다. 후반은 리듬을 잡기가 조금 어렵습니다. 반복 연습으로 느낌을 파악합시다.

CD 18

♩=120~160

EX-19 3줄 연속 핑거링 하농

1~3번 줄 위의 A내추럴 마이너 스케일의 음을 해머링과 풀링으로 연결한 연습 패턴입니다. 피킹과 핑거링과의 음량이나 음질의 차이를 가능한 한 줄여서 매끄러운 연결을 할 수 있는 연주법을 찾아냅시다.

CD 19

♩=140~180

EX-20 슬라이드 활용 하농

같은 줄 위에 위치하는 C메이저 스케일의 음을 '해머링-풀링-슬라이드'순의 핑거링으로 연결한 트레이닝 패턴입니다. 우선 각 줄 위의 포지션을 외웁시다. 2번 손가락을 사용하는 곳은 3번 손가락을 사용해도 좋을 것입니다.

CD 20

♩=100~140

26

EX-21 핑거링과 피킹의 컴비네이션 하농

타내추럴 마이너 스케일의 포지션에서 같은 줄의 핑거링과 인접한 줄의 피킹을 섞은 패턴 연습입니다. 핑거링과 피킹의 터치의 차이를 되도록 줄이면서 정확한 여섯잇단음의 연속이 되도록 연습합시다.

CD 21

♩=80~120

개방현을 포함한 핑거링 하농

1~4번 줄의 개방을 루트로 하는 코드 톤을 해머링과 풀링으로 연결한 프레이즈의 트레이닝입니다. 안정된 리듬으로 연주할 수 있도록 연습합시다. 해머링과 풀링의 음량의 차이를 최대한 줄이는 것이 과제입니다.

EX-23 스트레치 핑거링 하농

1번 줄 또는 2번 줄 위의 스트레치 핑거링을 포함한 코드 톤의 연결 패턴입니다. 손가락을 충분히 벌릴 수 있도록 왼손의 엄지를 최대한 내려서 잡는 것이 요령입니다. 이코노미 다운 피킹을 활용한 오른손의 연주법에도 주의합시다.

스트레치 핑거링과 스트링 스키핑을 활용한 코드 분해 프레이즈의 응용형입니다. 각 소절 3박자 째 후반의 스트레치를 확실히 연습합시다. 다른 줄의 노이즈를 최소화하는 것도 중요합니다.

EX-25 잉베이 맘스틴 스타일의 디미니쉬 프레이즈

네오 클래시컬 계열 프레이즈에서 자주 등장하는 1~3번 줄에서의 디미니쉬 코드 분해 프레이즈입니다. 4종류의 디미니쉬 코드에 공통 포지션을 외워 버립시다. 스위프 피킹의 리듬에도 주의하면서 연주하기 바랍니다.

CD 25

EX-26 알렉시 라이호 스타일의 개방현 활용 프레이

개방현으로의 풀링을 포함한 여섯잇단음의 얼터네이트 피킹 위주의 패턴과 핑거링(10소절 째는 스위프 피킹)을 중심으로 한 프레이즈를 조합한 E마이너 Key의 연습 패턴입니다. 각 소절의 패턴을 확실하게 익힙시다.

EX-27 마티 프리드먼 스타일의 스트레치 프레이즈

1·2번 줄 위에서의 12~17프렛의 스트레치 핑거링을 과제로 하는 연습 프레이즈입니다. 특히 1~2소절 째에서의 E마이너 펜타토닉 스케일 상의 3음을 같은 줄 위에서 누르는 부분을 연습합시다. 후반의 음형도 정확하게 기억하도록 연습합시다.

EX-28 존 페트루시 스타일의 레가토 프레이즈

C메이저(A내추럴 마이너) 스케일의 음을 핑거링으로 연결한 부드러운 하강 프레이즈입니다. 3소절 단위로 변화하는 왼손 포지션을 정확하게 기억합시다. 마지막 3소절은 후반의 패턴이 다르므로 주의가 필요합니다.

CD 28

PART-3 속주 태핑 하농

피킹을 하지 않고 줄을 누르는 것만으로 소리를 내는 것을 '태핑'이라고 합니다. 이 테크닉을 활용한 속주를 연습합시다.

태핑 테크닉 리퍼런스

■ 라이트 핸드 태핑

오른손가락으로 줄을 눌러서 소리를 내는 테크닉이다. 1번 또는 2번 손가락이 많이 사용되고, 태핑 후에는 손가락을 위 아래 어느 방향(보통 위쪽이 많다)으로 튕기듯이 풀링을 한다. 악보 예(a)는 라이트 핸드 태핑을 사용한 트릴 계열의 프레이즈, (b)는 초킹한 줄을 태핑하는 프레이즈 예이다. 악보에서는 이와 같이 해머링 기호로 표기하는 경우가 많다.

■ 레프트 핸드 태핑

왼손가락으로 줄을 눌러서 소리를 내는 테크닉이다. 악보 예는 라이트 핸드 태핑과의 컴비네이션 프레이즈로, 왼손 3번 손가락으로 2번 줄에서 4번 줄까지 태핑하는 예이다. 연주법 자체는 해머링과 같다고 생각해도 좋다.

■ 양손 태핑

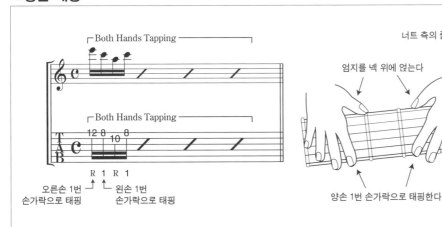

양손으로 태핑하는 주법. 왼손은 일반적인 폼으로 연주하는 주법(언더 핸드 스타일)과 넥 위에서 자세를 잡는 주법(오버 핸드 스타일)이 있다. 악보 예는 후자의 프레이즈 예이다. 양손의 1번 손가락을 사용해서 태핑한 후에 풀링하지 않고 손가락을 뗀다. 너트쪽의 줄은 왼손 4번 손가락으로 뮤트한다(그림 참조).

EX-29 3음 패턴의 트릴 하농

2종류의 3음 패턴의 라이트 핸드 트릴이 연습입니다. 전체를 통해서 오른손 태핑으로 리듬을 리드하듯이 연주합시다. 전반은 오른손 태핑과 동시에 왼손 3번 손가락을 떼야한다. 후반은 태핑과 동시에 3번 손가락을 누르는 것이 핵심입니다.

EX-30 4음 패턴의 트릴 하농

2종류이 4음 패턴의 연습입니다. 오른손 태핑으로 박자를 세는 느낌으로 연주합시다. 전반은 오른손 태핑과 왼손 3번 손가락의 해머링과의 타이밍을 의식해서 연주하고, 후반은 태핑과 3번 손가락의 풀링과의 컴비네이션을 축으로 파악하는 것이 포인트입니다.

CD 30

♩=140~180

EX-31 6음 패턴의 트릴 하농

전반은 비교적 일반적인 6음 패턴의 연습입니다. 오른손 태핑으로 1박자씩 리듬을 유지하고 거기에 왼손 핑거링의 타이밍을 맞추면서 연주합시다. 후반은 태핑의 리듬이 늦어지지 않도록 주의하기 바랍니다.

EX-32 개방현을 포함한 트릴 하농

1소절 째 처음과 4소절 째에 나오는 줄 이동 마지막의 개방현의 음은 오른손 풀링(업 피킹과 같은 동작)으로 울리면 됩니다. 그 직후의 왼손 1번 손가락에 의한 해머링이 너무 약해지지 않도록 주의합시다. 후반은 오른손 태핑을 기점으로 하는 역행 패턴입니다.

CD 32

♩=100~140

태핑 패턴의 코드 전개 하농

'개방현을 루트로 하는 메이저 코드-개방현 루트의 마이너 코드-운지음 루트의 메이저 코드-운지음 루트의 마이너 코드'로 변하는 3음 패턴의 트레이닝입니다. 각 코드 톤의 위치 관계를 기억합시다.

CD 33

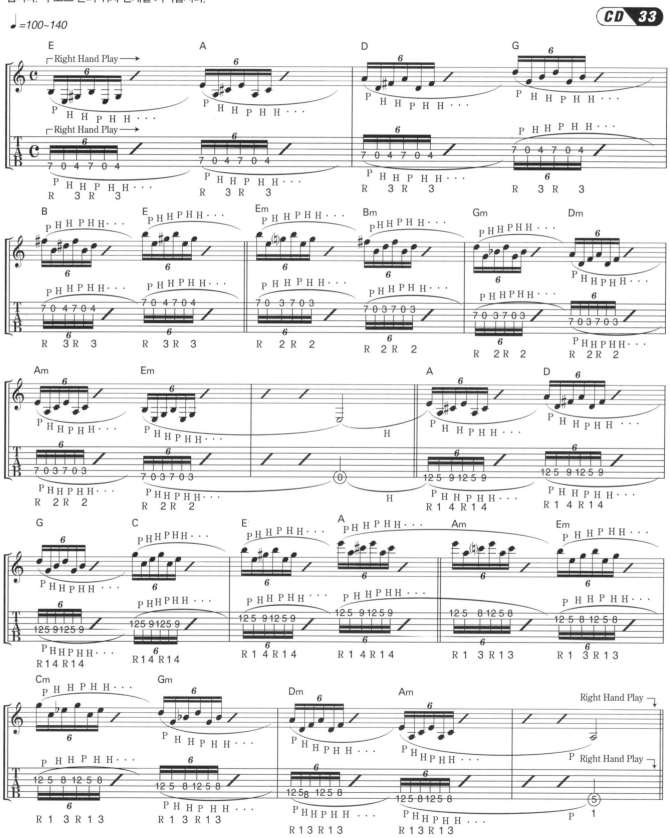

EX-34 코드 전개 패턴의 바리에이션

메이저 및 마이너 코드의 3도음을 최저음으로 하는 4음 단위의 패턴 연습입니다. 각 코드 톤의 위치를 파악합시다. 후반의 마이너 코드의 포지션에서는 왼손 스트레치 핑거링을 제대로 누르는 것이 중요합니다.

CD 34

태핑 포지션 이동 하농

C메이저 스케일 위에서 태핑하는 포지션을 변화시키는 트레이닝 패턴입니다. '2박자 아홉잇단음'(2박자를 9등분한 길이)의 리듬이 어려워 보이지만, 2박자 셋잇단 리듬이 되는 오른손 태핑의 리듬에 왼손을 맞추듯이 연주하는 것이 요령입니다.

CD 35

♩=140~180

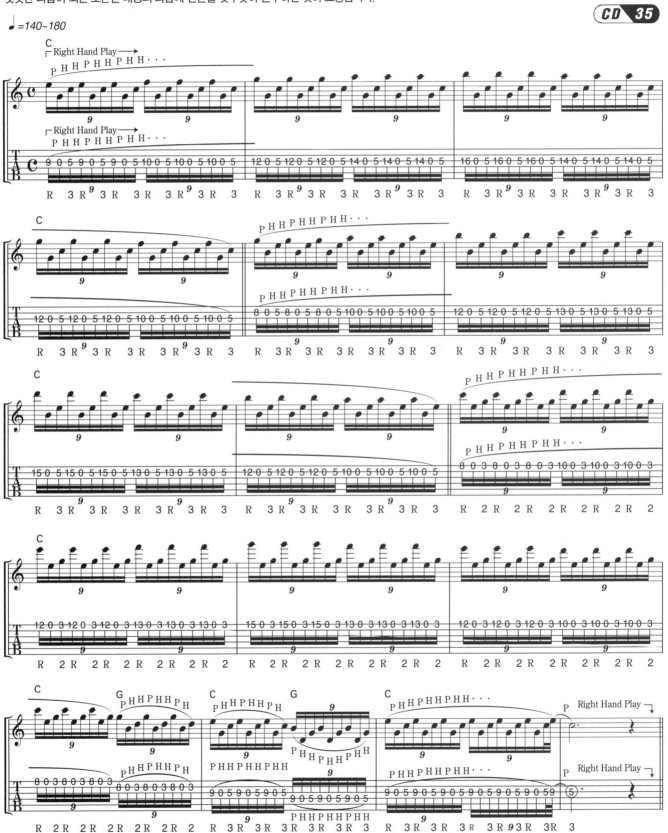

EX-36 스케일 상하행 태핑 하농

C메이저 스케일에서 인접한 스케일 노트를 연결시킨 6음 단위의 연습 패턴입니다. 줄 이동할 때까지 1번 손가락은 누른 채로 2박자 단위로 양손으로 동시에 이동시키면 됩니다. 마지막 2소절에서의 1박자 단위의 이동도 정확하게 할 수 있도록 연습합시다.

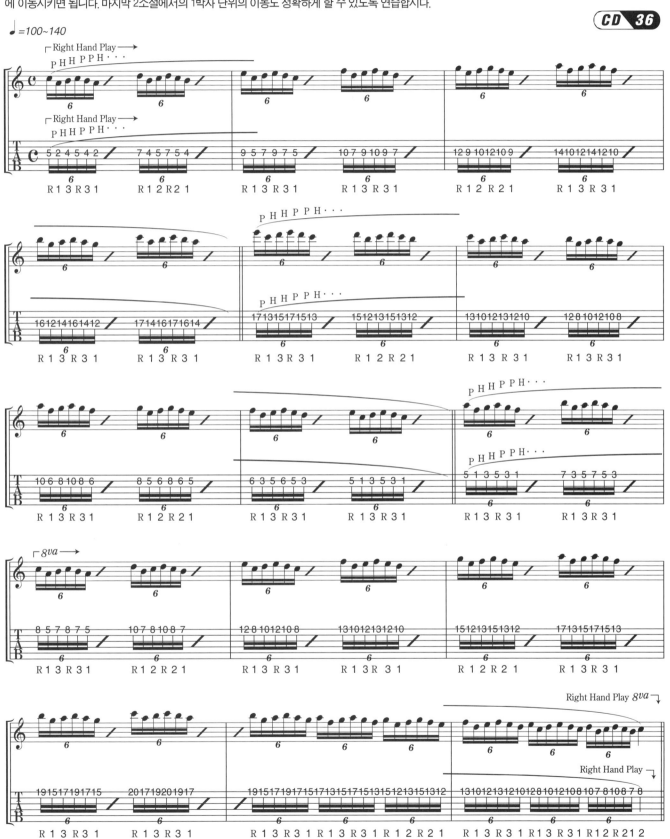

에디 반 헤일런 스타일의 태핑 프레이즈

라이트 핸드 태핑의 파이오니어인 에디 반 헤일런의 대표적인 프레이즈에 기초한 트레이닝 패턴입니다. 13~14소절 째의 하강 프레이즈는 왼손 3번 손가락의 태핑으로 저음 줄쪽으로 이동시키기 바랍니다.

44

EX-38 누노 베텐코트 스타일의 태핑 프레이즈

4소절까지는 옥타브 차이의 A마이너 펜타토닉 스케일을 태핑으로 연결한 프레이즈입니다. 5~7소절은 감5도의 음정에 해당하는 메이저 코드의 구성음을 교대로 연주하는 패턴이며, 마지막은 스키핑을 활용한 프레이즈입니다.

♩=100~140

CD 38

EX-39 스티브 바이 스타일의 태핑 프레이즈

피크를 쥔 채로 오른손 2번 손가락으로 태핑하는 프레이즈입니다. 피킹하는 음은 손을 핑거보드 위에 놓은 상태로 연주하기 바랍니다. 오른손 1번 손가락으로 태핑하는 경우는 업 피킹(=태핑 후의 풀링과 동일)으로 대용해도 좋을 것입니다.

CD 39

♩=100~140

EX-40 타카사키 아키라 스타일의 양손 태핑 프레이즈

왼손을 핑거보드 위에서 자세를 취하는 오버 핸드 스타일로 양손 1번 손가락으로 교대로 태핑합니다. 각 코드마다 양손의 포지션을 기억합시다. 16~17 소절 째에서의 오른손 포지션의 변화도 마스터합시다.

PART-4 속주 스케일 하농

PART-4에서는 속주 프레이즈의 기반이 되는 대표적인 스케일을 골라내어 기본적인 스케일 포지션 위에서의 핑거링과 실전적인 프레이즈를 연습합시다. 각 스케일의 특징을 파악해두는 것도 이곳의 과제 중의 하나입니다.

스케일 리퍼런스

■메이저 스케일

메이저 Key의 멜로디 및 하모니의 기반이 되는 스케일이다. '도레미파 솔라시'라는 계이름으로 불리는 7개의 음으로 구성된다. 가장 기본적인 음계이며, 악보 예는 C음을 토닉으로 하는 예이다.

■하모닉 마이너 스케일

내추럴 마이너 스케일의 제7음을 반음 높인 스케일이다. 마이너 Key의 하모니의 기반으로 기능하는 외에 네오 클래시컬 계열 프레이즈의 멜로디의 기반으로 사용된다.

■도리안 스케일

메이저 스케일의 제2음을 토닉으로 하는 스케일이다. 마이너 키 멜로디의 기반으로 사용된다. 마이너 특유의 우울함이 옅어진 감각이 특징이다.

■프리지안 도미넌트 스케일

하모닉 마이너 스케일의 제5음을 토닉으로 하는 스케일이다. 마이너 Key의 도미넌트 코드에 대한 멜로디의 기반으로 사용된다.

■믹솔리디안 스케일

메이저 스케일의 제5음을 토닉으로 하는 스케일이다. 세븐스 코드에 대한 멜로디의 기반으로 사용되는 외에 블루지/에스닉 등 색다른 분위기를 자아낼 수도 있다.

■내추럴 마이너 스케일

메이저 Key의 제6음을 토닉으로 바꾼 구조의 스케일이다. 마이너 Key의 멜로디 및 하모니의 기반으로 사용된다. 악보 예는 A음을 토닉으로 하는 예이다.

■멜로딕 마이너 스케일

내추럴 마이너 스케일의 제6음과 제7음을 반음 높인 스케일이다. 마이너 Key 멜로디의 기반으로서 기능을 한다. 하모닉 마이너 스케일과 마찬가지로 네오 클래시컬 계열 프레이즈에서 사용되는 경우가 많다.

■프리지안 스케일

메이저 스케일의 제3음을 토닉으로 하는 스케일이다. 마이너 Key 스케일로 분류되지만, 멜로디로서 종지감은 약간 불안정하다.

■리디안 스케일

메이저 스케일의 제4음을 토닉으로 하는 스케일. 메이저 Key의 스케일의 일종으로 본래는 재즈~퓨전 등의 장르에서 사용되지만, 스티브 바이의 사용으로 록에서도 일반적이 되었다.

■로클리안 스케일

메이저 스케일의 제7음을 토닉으로 변경한 스케일이다. 마이너 세븐스 플랫 파이브 코드에 대한 코드 스케일로서 사용된다.

48

메이저 스케일 하농

C메이저 스케일의 주된 포지션을 스트레이트로 상하행하는 연습입니다. 우선 5곳의 포지션을 외웁시다. 어느 포지션도 저음 줄의 토닉에서 시작해서 1번 줄의 최고음까지 연주한 후에 다시 토닉으로 돌아오는 프레이즈입니다.

CD 41

♩=100~140

내추럴 마이너 스케일 하농

A내추럴 마이너 스케일의 5군데 포지션의 상하행 연습입니다. 스케일 노트의 위치는 EX-41에서 연습한 C메이저 스케일과 공통이지만, 토닉인 A음을 기점 및 종점으로 하는 프레이즈를 파악합시다.

♩=100~140

CD 42

EX-43 하모닉 마이너 스케일 하농

A내추럴 마이너 스케일의 제7음인 G음을 반음 높인 스케일의 포지션 연습입니다. F음과 G#음의 간격이 3프렛 벌어져있기 때문에 너트 근처의 포지션
일수록 스트레치가 힘들어지므로 주의하자. 가능한 한 손가락을 벌리기 쉬운 폼으로 연주합시다.

CD 43

♩=80~120

EX-44 멜로딕 마이너 스케일 하농

A내추럴 마이너 스케일의 제6음(F음)과 제7음(G음)을 반음 높인 스케일의 연습입니다. 제5음(E음)에서 'E-F#-G#'으로 2프렛씩 벌어진 간격으로 3음이
배열된다. 이 스케일의 특징적인 포지션을 기억해두자.

♩=80~120

CD 44

EX-45 도리안 스케일 하농

C메이저 스케일의 제2음(D음)을 토닉으로 바꾼 D도리안 스케일의 포지션 연습입니다. 스케일 노트의 위치 자체는 EX-41·EX-42가 공통입니다. D음을 토닉으로 하는 이 스케일 특유의 종지감을 확인하면서 연주합시다.

CD 45

♩=100~140

EX-46 프리지안 스케일 하농

C메이저 스케일의 제3음(E음)을 토닉으로 하는 스케일 연습입니다. 1~3소절 째는 6번 줄 개방을 토닉으로 하는 포지셔닝으로 6번 줄 위에 4음이 배열되는 것이 특징입니다. 4~5소절 째의 5번 줄 7프렛과 4번 줄 3프렛사이의 스트레치를 정확하게 연주합시다.

♩=100~140

CD 46

EX-47 프리지안 도미넌트 스케일 하농

EX-46에서 연습한 E프리지안 스케일의 제3음을 반음 높인 E프리지안 도미넌트 스케일의 연습입니다. A하모닉 마이너 스케일과 마찬가지로 'F-G#'으로 3프렛 간격의 스트레치 핑거링에 주의해서 연주합시다.

CD 47

♩=90~120

EX-48 리디안 스케일 하농

C메이저 스케일의 제4음(F음)을 토닉으로 하는 F리디안 스케일의 포지션 연습입니다. 1소절 및 3소절 째 첫 부분 등에서의 6번 줄 1프렛에서 5프렛에 걸친 스트레치 핑거링의 포지션을 제대로 누릅시다.

CD 48

EX-49 믹솔리디안 스케일 하농

C메이저 스케일의 제5음(G음)을 토닉으로 하는 G믹솔리디안 스케일의 연습입니다. 4소절 째 전반과 5소절 째 후반에서 6소절에 걸친 스트레치 핑거링의 연속 부분을 정확히 연주하는 것이 과제입니다.

♩=100~140

EX-50 로크리안 스케일 하농

C메이저 스케일의 제7음(B음)을 토닉으로 하는 스케일 연습 패턴입니다. 실제 사용되는 기회는 그렇게 많지는 않지만, 마이너 세븐스 플랫 파이브 코드 (이 예에서는 Bm7(♭5)코드)에 적합한 스케일로 사용됩니다.

CD 50

♩=100~140

58

EX-51 누노 베텐코트 스타일의 메이저 프레이즈

C메이저 스케일을 기반으로 하는 연습 프레이즈입니다. 전반 8소절은 2박자 단위의 모티브를 코드 진행에 따라 전개하는 프레이징입니다. 후반부분에서는 9~10소절 째에 나오는 스트링 스키핑을 활용한 프레이즈를 마스터합시다.

♩=140~180

CD 51

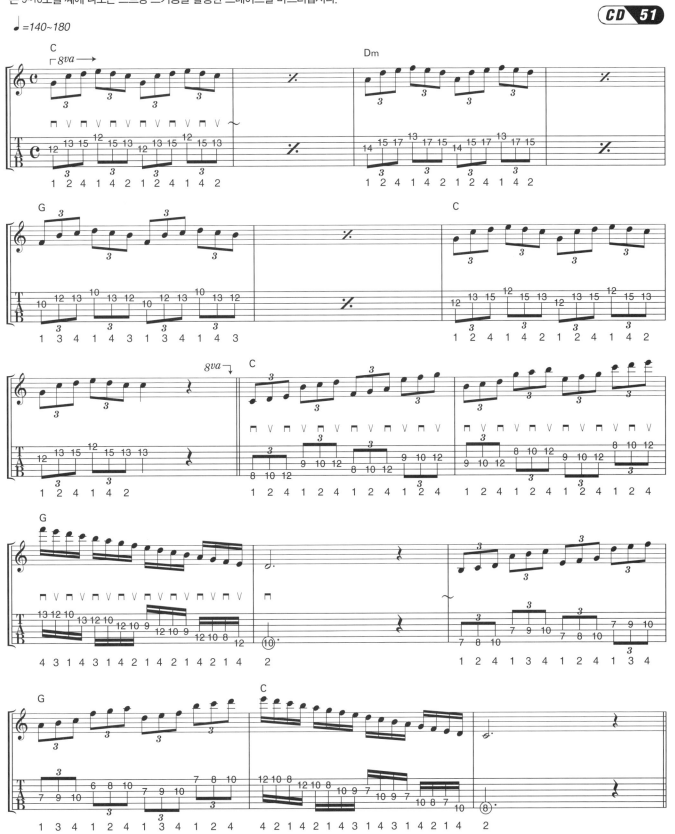

EX-52 폴 길버트 스타일의 내추럴 마이너 프레이즈

A내추럴 마이너 스케일을 토대로 하는 프레이즈입니다. 8소절 째까지는 2소절 단위의 프레이즈를 코드 진행에 맞춰서 평행이동시킨 예이다. 1소절 째 후반에 나오는 1번 줄 위의 스트레치를 마스터합시다. 후반에서는 13~14소절 째의 프레이즈가 연습과제입니다.

♩=100~140

60

EX-53 잉베이 맘스틴 스타일의 클래시컬 프레이즈

전반은 잉베이가 특기로 하는 6음 단위의 모티브를 코드에 맞춰서 전개하는 A하모닉 마이너 스케일 기반의 프레이징입니다. 9소절 이후는 제5음을 토닉으로 바꾼 E프리지안 도미넌트 스케일을 토대로 하는 프레이즈입니다.

CD 53

EX-54 스티브 바이 스타일의 리디안 프레이즈

F 리디안 스케일을 기반으로 하는 4소절의 프레이즈와 그 전개 스타일이 트레이닝입니다. 1소절 째 처음에 나오는 촙(chop)은 왼손 3번 손가락으로 2번 줄을 누르고, 다른 손가락으로 뮤트한 저음 줄에서 2번 줄까지 한꺼번에 다운피킹하는 연주법입니다.

CD 54

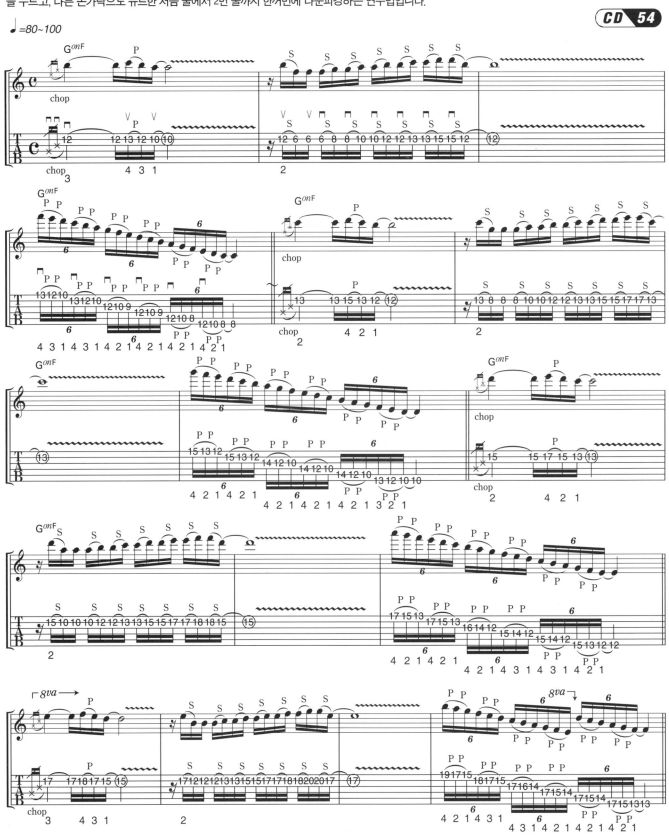

EX-55 조 새트리아니 스타일의 믹솔리디안 프레이즈

G믹솔리디안 스케일을 기반으로 하는 2박자 단위의 시퀀스 프레이즈 트레이닝입니다. 우선 1~2소절 째의 기본 패턴을 마스터하는 것부터 시작합시다.
3소절 째에 나오는 스트레치와 7소절 이후에 나오는 스키핑의 마스터를 목표로 합시다.

CD 55

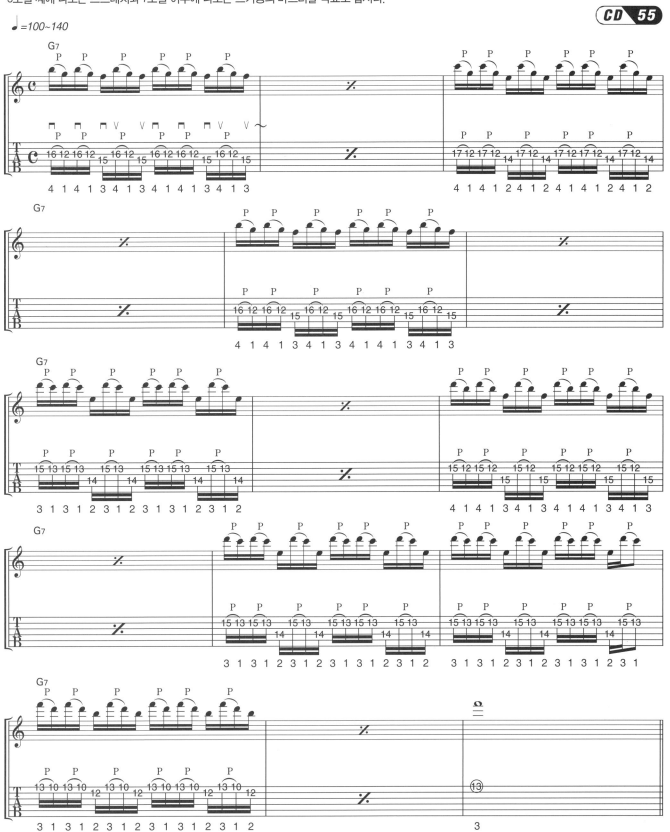

저자 소개

우라타 야스히로

1956년 치바현 출생. 중학교 시절에 포크송 붐의 세례를 받고 어쿠스틱 기타를 시작하여, 고교시절에 록을 듣고 일렉기타를 시작했다. 고교 졸업 후에는 퓨전~재즈로 흥미를 넓혀서 폭 넓은 기타리스트로서 활동하였다. 80년대 이후에는 악보 채보, 교본 및 음악 전문지 등의 집필을 중심으로 활동하고 있다.

연주자 소개

호소야 토모카즈

1979년 2월 8일생. 기타리스트, 작편곡가. 그 외에 스트링 어레인지와 같은 활동하고 있다. 어려서부터 일렉트릭 건반을 배우면서 도중에 피아노로 바꿔서 공부를 하였다. 기타리스트 하마나카 유지씨의 사사를 받고, 같은 시기에 드러머 타카가키 카오루씨의 어시스턴트로 일을 하였다. 아르바이트로 이벤트 행사장 등에서 노래를 하면서 세션 기타리스트로서 활동하기 시작한다. 이제까지 아이돌에서 힙합까지 다수의 아티스트의 라이브와 레코딩에 참가하였다. 작곡이나 어레인지에도 다수 참가하였다.
http://tomokazuhosoya.at.webry.info/

※CD 음원에 관하여

· 부록CD에는 본서에 개제되어 있는 악보에 CD01이라고 표시된 것이 수록되어 있습니다.
· CD수록 음원에 확인되는 노이즈, 찌그러짐, 레벨의 차이 등은 모두 오리지널 마스터에 기인하는 것입니다. 듣기 불편한 곳도 있습니다만 양해바랍니다.

속주기타 하농
기타리스트를 위한 피킹 & 핑거링 트레이닝

2008년 6월 1일 발행
2023년 4월 20일 3쇄 발행

지은이 | 우라타 야스히로
펴낸이 | 하성훈
펴낸곳 | 서울음악출판사
주소 | 서울시 서초구 서초3동 1569-10호 에덴빌딩 3층
인터넷 홈페이지 | www.seoul-music.co.kr
등록번호 | 제2001-000299호 · 등록일자 | 2001년 4월 26일

값 12,000원
ISBN 979-11-6750-086-1

※잘못 만들어진 책은 구입처에서 교환해드립니다.